ALLE STÄDTE DER WELT

EINFÜHREN

Mit diesem Reiseführer erkundest du alle Städte der Welt. Er bringt dich an unbekannte Orte, präsentiert dir neue Speisen und schärft deine Beobachtung. Wähle eine der neun Kategorien oder schlage eine beliebige Seite des Buches auf und folge den Anweisungen.

Die Anweisungen sind dazu da, dich auf neue Pfade zu führen und dir wunderbare Erlebnisse zu bieten. Entdecke Eigenheiten der Stadt, welche dir sonst verborgen geblieben wären, und lasse dich mit Menschen, die dort leben, auf Gespräche ein.

Der Reiseführer ist für jede Stadt, sogar deine eigene geeignet. Trotzdem funktionieren nicht alle Anweisungen überall gleich gut. Manche eignen sich besser für kleine Städte, andere für große. Probiere es aus. Solange du Neues entdeckst, macht es auch nichts, wenn du eine Aufgabe nicht hundertprozentig umsetzt.

Viele der Anweisungen sind auch als Gruppe durchführbar. Bist du mit anderen Personen unterwegs, könnt ihr euch zum Beispiel gegenseitig Aufgaben heraussuchen und euch so spielerisch zu neuen Entdeckungen anregen.

Sind einzelne Anweisungen in einer Stadt nicht ausführbar oder behagen dir nicht, überspringe sie. Du musst nicht alles machen, was in diesem Reiseführer steht. Finde Aufgaben, die zu dir passen. Und nimm dir die Freiheit, es anders zu machen. Wandle Anweisungen ab, erweitere sie und lasse dich von ihnen anregen.

Es ist deine Reise. Es ist deine Zeit. Genieße sie.

VORBEREITEN

UNGLÜCKSPACKEN

Packe genau dreizehn
Kleidungsstücke ein.

ENTSPANNEN

Lasse sämtliche elektronische Geräte zu Hause: also kein Smartphone, kein Computer, kein Rasierapparat, kein Fotoapparat.

ÜBERGEWICHT

❶ Packe einen Gegenstand ein, den du bereits besitzt und von dem du bereit bist, dich zu trennen.

❷ Lasse diesen Gegenstand in deiner Zielstadt zurück. Wie und wo entscheidest du: im Hotel, in einem Restaurant, in einer Bibliothek, als Geschenk an jemanden, als Tauschobjekt.

PRÄRITUALISIEREN

Verbringst du mehr als einen Tag in einer Stadt, bestimme schon zu Hause ein Café in deiner Zielstadt, das du jeden Tag besuchen wirst.

Lege fest, wann du das Café jeweils betreten und wann du es verlassen wirst. Beschließe bereits jetzt, was du jedes Mal bestellen wirst.

Café: ______________________

Besuch von: ________________

____

bis: _______________________

____

Meine Bestellung: __________

____

PACKDRUCK

Beginne mit dem Packen frühestens eine Stunde, bevor du das Haus verlassen musst.

AUSPACKEN

Du bist fertig mit dem Packen?
Lasse das teuerste Stück aus
deinem Koffer zu Hause.

BÜROSTUHLREISEN

❶ Kaufe dir einen Reiseführer einer Stadt.

❷ Plane deinen Städtetrip: Was möchtest du sehen?

❸ Bleibe zu Hause und besuche alle Orte mit Google Maps. Flaniere mit Street View durch die Straßen, sieh dir die Sehenswürdigkeiten an und betritt, sofern möglich, Läden und Restaurants.

NOTFALLPLAN

Suche zu Hause einen Supermarkt in deiner Zielstadt aus, in welchem du notfalls eine Zahnbürste kaufen könntest, wenn du sie vergessen hättest. Auch wenn du deine Zahnbürste nicht vergessen hast: Gehe am ersten Tag im Supermarkt vorbei und kaufe den ersten Artikel rechts von der Zahnbürste, der keine Zahnbürste ist.

KINDERTICKET

Plane deine Reise nicht für dich. Plane deine Reise für dich als Kind. Suche dein Hotel danach aus, die Restaurants und die Speisen, die Desserts, die Kinofilme und die Sehenswürdigkeiten. Freue dich wie ein Kind!

VORPLANEN

❶ Kaufe einen Reiseführer von einer Stadt, in der du noch nie warst, und plane möglichst detailliert eine aufregende Reise. Wo übernachtest du? Wo wirst du essen? Was wirst du unternehmen?

❷ Schreibe deine Planungen auf und hebe dein Notizbuch oder die Datei gut auf.

❸ Reise drei Jahre später in diese Stadt und setze deine Planungen in die Tat um.

TASCHENGELD

Bestimme einen Geldbetrag, der dir bei deiner Reise zur Verfügung steht. Bleibe so lange in der Stadt, bis du den gesamten Betrag ausgegeben hast – nicht länger und nicht kürzer.

SPAZIEREN UND RUMFAHREN

MAXIMALBUSFAHREN

❶ Nimm den Bus mit der höchsten Nummer.

❷ Fahre bis zur Endstation und steige aus.

HANDLAUF

❶ Kaufe eine Stadtkarte.

❷ Lege deine Hand auf die Stadtkarte und fahre mit einem Stift den Umriss deiner Hand nach.

❸ Die gezeichnete Linie ist dein Weg: Folge ihm möglichst genau.

PARALLELWEG

❶ Beschreibe den Weg von deinem Zuhause zu deinem Arbeitsort: Gehst du zuerst nach links oder nach rechts? Wann biegst du ab? Wie lange gehst du geradeaus? Benutzt du ein öffentliches Verkehrsmittel?

❷ Folge dieser Wegbeschreibung in der Stadt, in der du dich aufhältst. Ausgangspunkt ist dein Hotel oder deine Ferienwohnung.

❸ Stelle dir am Zielort vor, dass du hier arbeiten würdest. Wie sieht dein Arbeitsplatz hier aus?

STADTALGORITHMUS

Entscheide dich für eine Richtung und folge dann diesem Muster:

❶ Biege bei der nächsten Gelegenheit links ab.

❷ Gehe bei den folgenden drei Kreuzungen geradeaus.

❸ Biege bei den nächsten zwei Straßen rechts ab.

❹ Wenn du noch nicht müde bist, starte wieder bei ❶. Wenn du müde bist, springe sieben Anweisungen vor.

KUTSCHIEREN

Fahre Rikscha, Kutsche oder Gondel.

VERKEHRSADDITION

❶ Notiere eine Zahl zwischen neun und neunundzwanzig:

____

❷ Steige in ein Verkehrsmittel mit einer Nummer, zum Beispiel in die Tram mit der Nummer vier. Fahre so viele Stationen mit dieser Tram wie ihre Nummer ist – in diesem Fall vier. Wiederhole diesen Prozess so lange, bis die Anzahl der gefahrenen Stationen deiner notierten Zahl entspricht.

KOPFBAHNHOF

❶ Bitte einen Passanten, dir den Weg zum Bahnhof aufzuzeichnen.

❷ Drehe den Plan um 180 Grad und folge ihm.

ABPAUSEN

Besorge dir heute von möglichst vielen Orten, an denen du dich aufhalten möchtest, vorab einen Plan: von der Stadt, vom Park, vom Museum, vom Einkaufszentrum. Übertrage die nebenstehende Strecke jeweils auf diesen Plan und folge dem Weg, so gut es geht.

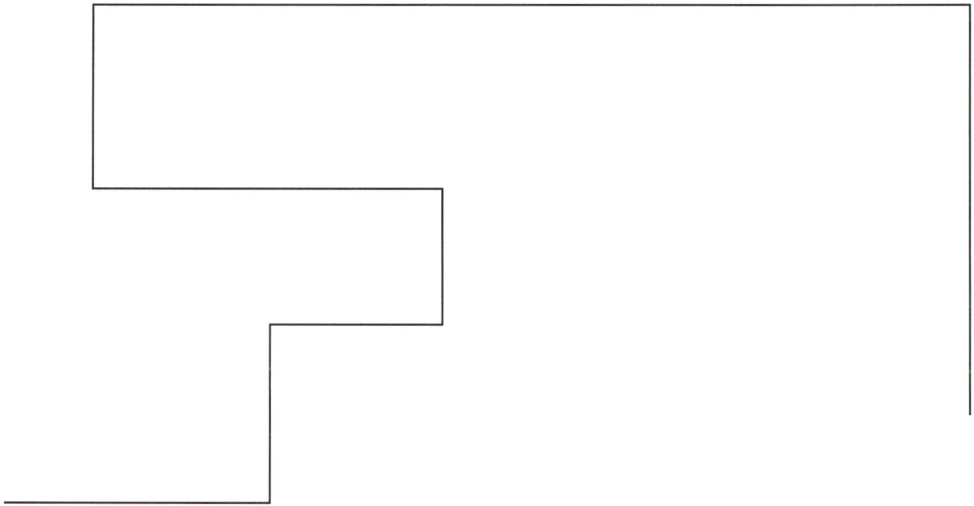

AUFSTEIGEN

Besteige den höchsten Punkt der Stadt.

TRIATHLON

Heute: Bestelle ein Taxi und lasse dich in die Stadtmitte fahren.

Morgen: Miete ein Fahrrad und radle in die Stadtmitte.

Übermorgen: Flaniere zu Fuß in die Stadtmitte.

Du befindest dich bereits in der Stadtmitte? Dann suche dir entweder ein anderes festes Ziel oder mache einen Ausflug und unternimm den Triathlon jeweils auf dem Rückweg.

TAGESABBRUCH

Gehe zurück zu deiner Unterkunft. Jetzt, sofort!

STADTRUNDGANG

Fahre an den Rand der Stadt. Versuche die Stadt zu umgehen. Zeichne ein, wie weit du etwa gekommen bist:

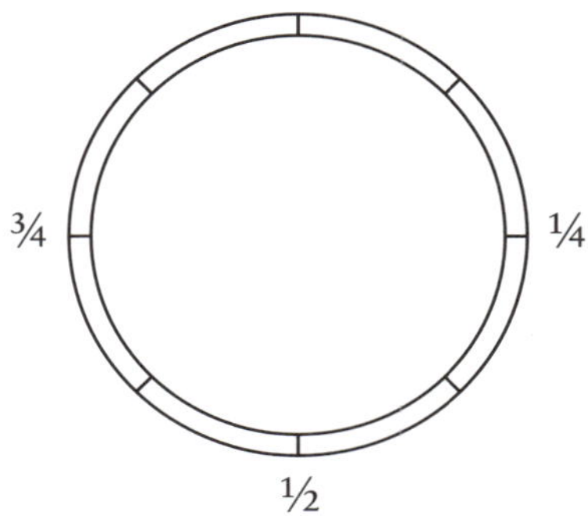

Für Ambitionierte: Gib nicht auf, bis du es geschafft hast. Du kannst die Strecke auch in mehrere Tages-Etappen einteilen.

NORDGANG

Gehe so gerade wie möglich nach Norden, bis du müde bist. Finde ein Taxi oder ein öffentliches Verkehrsmittel und fahre zurück.

Für Ratlose: Du weißt nicht, wo Norden ist? Ein Stadtplan oder der Kompass auf deinem Smartphone helfen dir.

RUNDUM GLÜCKLICH

Fahre mit einem Karussell oder einem Riesenrad.

TREPPENWITZ

Nimm heute jede Treppe –
immer, wenn du eine siehst.

Für Mogler: Am Ende des Tages
steigt die Wahrheit empor.
Wie oft hast du heute diese
Anweisung nicht ausgeführt?

____

Für Korrekte: Wie oft war es
nicht dein Verschulden, da die
Treppe nicht zugänglich war?

____

SÜDGANG

Gehe so gerade wie möglich nach Süden, bis du keine Lust mehr hast. Iss und trink etwas. Gehe zurück.

Für Ratlose: Du weißt nicht, wo Süden ist? Ein Stadtplan oder der Kompass auf deinem Smartphone helfen dir.

ERKUNDEN

NACHAHMUNG

Sprich mit einer fremden Person und frage sie, was sie gestern gemacht hat. Mache genau das morgen.

NACHTSCHICHT

Erkunde die Stadt zwischen zwei und sechs Uhr nachts.

TO DO LIST

- ☐ Finde einen Schneider.
- ☐ Fotografiere einen Vogel.
- ☐ Kaufe eine Süßigkeit.
- ☐ Verliere eine Münze.
- ☐ Betrachte einen Baum.

VITALISIEREN

Erkundige dich, welches der belebteste Ort der Stadt ist, und verbringe eine Stunde an diesem Ort.

DETEKTEI

Du bist ein Privatdetektiv. Folge der ersten Person mit einem Hut möglichst lange. Unauffällig.

Wie lange bist du ihr gefolgt:

☐ 5 Minuten

☐ 10 Minuten

☐ 30 Minuten

☐ 1 Stunde

☐ 3 Stunden

☐ 8 Stunden

☐ __________

MINIMUMMUSEUM

❶ Erkundige dich nach dem kleinsten Museum der Stadt.

❷ Besuche dieses Museum alleine, auch wenn du mit anderen Menschen unterwegs bist.

Für Interessierte: Besuche heute, morgen oder übermorgen das Museum noch einmal und schreibe elf Dinge auf, die dir beim letzten Mal nicht aufgefallen sind.

MUSSESTUNDE

Gehe in ein Museum, lege dich auf eine Bank und entspanne dich – so lange, bis dich jemand stört.

EINWOHNEN

Für Sprachkundige:
Kaufe eine Zeitung, suche
ein Wohnungsinserat
heraus, vereinbare eine
Wohnungsbesichtigung, gehe zur
Wohnungsbesichtigung.

Für Sprachunkundige: Lasse
dir dabei von jemandem helfen,
der eine Sprache spricht, die du
verstehst.

ESCAPE

Besuche möglichst viele Ausgänge der Stadt:

- ☐ den Bahnhof
- ☐ den Flughafen
- ☐ den Hafen
- ☐ das Stadttor
- ☐ die Post

BADEN

Gehe baden. Im See, im Fluss, im Schwimmbad, in einer Quelle, im Hallenbad, in der Badewanne – einfach baden, egal wo.

BUDDYTRAVEL

Rufe einen Freund zu Hause an und frage ihn, was er heute unternimmt. Unternimm dasselbe in der Stadt, in der du gerade bist.

LITERARISIEREN

Gehe in die Bibliothek und lies einen Roman, der von dieser Stadt handelt.

Für Ehrgeizige: Wiederhole dies, bis du das Buch fertig gelesen hast.

Für Pragmatische: Kaufe das Buch in einer Buchhandlung und lies es zu Hause fertig.

OUT OF SIGHT

Was ist die bekannteste Sehenswürdigkeit dieser Stadt? Vermeide es, sie während dieses Aufenthalts von Nahem zu sehen.

BEOBACHTEN

VERDÄCHTIGUNGEN

❶ Setze dich in ein edel eingerichtetes Café.

❷ Suche dir die am freundlichsten aussehende Person aus und stelle dir vor, sie sei kriminell.

❸ Notiere sechs Dinge, die dir verdächtig erscheinen.

1. ______________________________
2. ______________________________
3. ______________________________
4. ______________________________
5. ______________________________
6. ______________________________

ABWEICHUNGEN

❶ Zeichne hier (oder auf einem Blatt Papier) aus dem Gedächtnis eine Sehenswürdigkeit des Ortes, an dem du gerade bist:

❷ Fahre zu dieser Sehenswürdigkeit.

❸ Vergleiche die Sehenswürdigkeit mit deiner Zeichnung. Finde zehn Unterschiede und markiere sie auf deiner Zeichnung.

FRÜHSCHICHT

Wann beginnt gewöhnlich zu Hause dein Arbeitstag? Verlasse morgen deine Bleibe drei Stunden früher. Gehe durch die Straßen und beobachte, wer zu dieser Zeit bereits arbeitet.

DRECKSSTADT

Zeichne jedes Mal, wenn dir die Stadt zu verdreckt erscheint, eine Kugel auf diese Seite. Kaufe dir ein Eis, sobald du neun Kugeln zusammen hast.

HÖRSTADT

❶ Schließe deine Augen.

❷ Achte möglichst lange nur auf Geräusche.

❸ Öffne deine Augen und notiere auf dieser Seite möglichst viele der Geräusche, die du gehört hast.

SUPERNOTE

Gehe in einen Supermarkt und schreibe zwölf Dinge auf, die du zu Hause nicht findest.

NAMEDROPPING

Schreibe die fünf häufigsten Vornamen auf, die dir in dieser Stadt auf Schildern, in der Sprache oder als reale Personen begegnen.

1. ______________________________

2. ______________________________

3. ______________________________

4. ______________________________

5. ______________________________

SCHAULAUFEN

Setze dich an einen Ort, an dem Passanten vorübergehen. Stelle aus den nächsten fünf Personen deines Geschlechts, die an dir vorbeilaufen, ein Outfit für dich zusammen:

Person 1: Hose

Person 2: Kopfbedeckung und/ oder Brille

Person 3: Oberteil

Person 4: Schuhe

Person 5: Tasche

Wie würdest du aussehen?

Zeichne hier dein neues Ich:

TYPISIEREN

❶ Besorge dir eine Stadtkarte der Stadt.

❷ Zeichne die unten abgebildete Form auf der Karte ein.

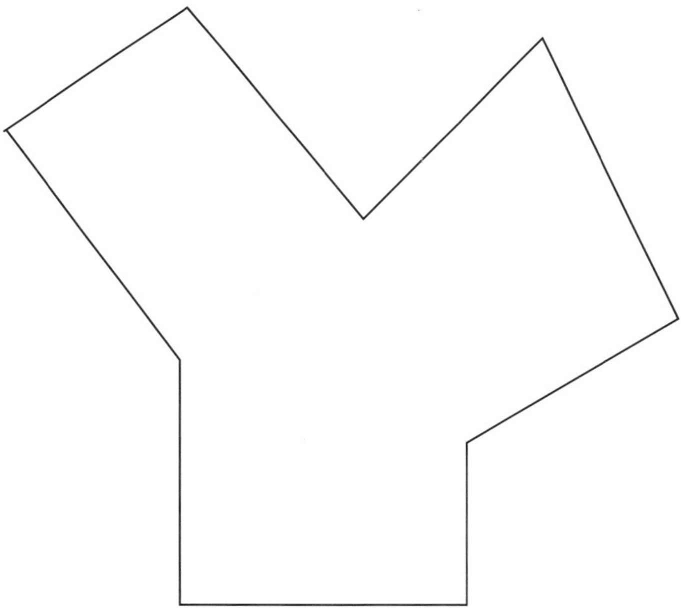

❸ Stelle dir vor, es wäre ein Stadtviertel.

❹ Gib diesem Viertel einen Namen:

____

❺ Verbringe heute den ganzen Tag darin. Was erscheint dir typisch für dieses erfundene Stadtviertel?

WOHNSTRASSE

❶ Besuche eine Straße, die mit dem Anfangsbuchstaben deines Vornamens beginnt. Frage dich, ob du hier wohnen willst. Wenn nein, suche eine andere Straße, die mit diesem Buchstaben beginnt. Wiederhole dies so lange, bis du eine Straße findest, in der du wohnen wolltest.

❷ Präge dir alles gut ein.

❸ Kehre am nächsten Tag hierhin zurück. Welche zehn Dinge haben sich verändert? Gefällt dir die Straße immer noch so gut?

MEMORIEREN

Nimm dir am Ende jedes Tages fünf Minuten Zeit. Schließe die Augen und überlege, was

❶ dich heute am meisten beeindruckte:

____

❷ hier ganz anders ist als zu Hause:

____

❸ hier genauso ist wie zu Hause:

____

Notiere jeweils nur ein Wort.

ESSEN UND TRINKEN

COVFEFE

Trink einen Kaffee im ersten Café, das du siehst, dessen Name mit dem Buchstaben C oder K beginnt.

Magst du keinen Kaffee, blättere fünf Anweisungen weiter.

INFLATIONIEREN

Suche dir das teuerste Restaurant der Stadt heraus. Mache dich auf den Weg dorthin – gehe jedoch ins erste Restaurant, das du antriffst. Bestelle den günstigsten Hauptgang.

LONGDINNER

Bestelle das Hauptgericht mit
dem längsten Namen.

COLORPICK

❶ Mache ein Picknick: Kaufe im Supermarkt Getränke und Speisen, die entweder gelb, orange oder rot sind. Lies erst nach deinem Einkauf weiter.

❷ Hast du am meisten Gelbes gekauft, dann mache dein Picknick auf einem Parkplatz. Hast du am meisten Oranges gekauft, dann mache dein Picknick in einem Park. Hast du am meisten Rotes gekauft, dann mache dein Picknick in einem Innenhof.

KÖCHERWORT

Verlange nach dem Lieblings-
essen des Kochs/der Köchin.

FOODCOPY

Gehe in ein Fast-Food-Restaurant und bestelle dasselbe wie die letzte Person, die vor dir etwas bestellt hat.

FOODPORN

Bestelle das billigste Getränk
und die teuerste Speise.

FLÜSSIGNAHRUNG

Bestelle das teuerste Getränk
und die billigste Speise.

SPONTANER TIPP

Gehe in ein Restaurant, setze dich, bestelle ein Getränk und verlange die Speisekarte. Warte erneut auf die Bedienung, öffne die Speisekarte erst dann an einer beliebigen Stelle und tippe selbstbewusst, aber ohne hinzusehen auf einen Eintrag und bestelle diese Speise.

GEVIERTELT

Auszuführen an vier Tagen:

❶ Gehe in die Mensa der geisteswissenschaftlichen Universität und iss Menü 1.

❷ Gehe in die Mensa der naturwissenschaftlichen Universität und iss Menü 1.

❸ Gehe in die Mensa der technischen Hochschule und iss Menü 1.

❹ Gehe in die Mensa der Kunsthochschule und iss Menü 1.

Ziehe einen akademischen Schluss aus den vier Menüs.

FOODDISCOVERY

Kaufe im Supermarkt fünf Nahrungsmittel, die du nicht kennst, und koche daraus dein Abendessen.

Du hast keine Möglichkeit, zu kochen? Dann hole dir tagsüber fünf Lebensmittel für eine Zwischenmahlzeit – unbekannte Getränke zählen auch.

LOCALISIEREN

❶ Lass dir von einem Local sein Lieblingsgericht erklären.

❷ Koche es heute Abend möglichst genau nach.

Wenn du auf deiner Reise keine Möglichkeit dazu hast, schreibe dir das Rezept auf und koche das Gericht, sobald du wieder zu Hause bist.

AUS DIE MAUS

Betrinke dich.

Für Gesprächsfreudige: Versuche dabei, mit Einheimischen ins Gespräch zu kommen und etwas über die Trinkkultur der Stadt oder des Landes zu erfahren.

VERVOLLSTÄNDIGEN

Besuche den Markt. Wähle einen Stand mit lecker aussehenden Früchten. Kaufe von jeder Fruchtart genau eine. Dies ist heute dein Mittagessen.

BUDGET FOOD

Kaufe heute nur Essen, das umgerechnet weniger als drei Euro kostet.

FOLGERICHTIG

Gehe zur Essenszeit auf den Markt. Stelle dich in die Nähe eines Essensstands. Kaufe das gleiche wie die erste Person, die du für einheimisch hältst und welche an diesem Stand etwas kauft.

LOKALKÜCHE

Iss heute nichts, das nicht von hier kommt.

NIE UND NIMMER

❶ Gehe in einen Supermarkt. Überlege dir, was du auf keinen Fall essen würdest.

❷ Kaufe das Produkt daneben.

❸ Sei froh über den Ausgang dieser Anweisung.

KLEINIGKEIT

Kaufe dir ein Himbeereis.

EINKAUFEN

ALTSHOPPEN

Meide Geschäfte, die neue Ware anbieten. Besuche während deines ganzen Aufenthalts in dieser Stadt ausschließlich Antiquariate, Flohmärkte, Trödelhändler, Antiquitätenhändler, Second-Hand-Läden …

GRÜNTOUR

Kaufe eine Topfpflanze und lasse sie an einem passenden Ort in der Stadt zurück.

VERWÄSSERN

❶ Lasse dich beim Kauf einer Flasche Wasser beraten. Frage möglichst spezifische Fragen zum Kohlensäure-Gehalt, zur Herkunft, zum Etikett oder zum Geschmack. Sei dabei stets höflich und interessiert.

❷ Bedanke dich am Ende für das Gespräch und kaufe zwei der empfohlenen Wasserflaschen.

❸ Verschenke eine davon.

GESCHENKT

Kaufe etwas Schönes und schenke es einer beliebigen fremden Person.

PUPPENSPIEL

❶ Finde ein Kleidergeschäft mit einer gut gekleideten Schaufensterpuppe.

❷ Kaufe genau diese Kleider.

❸ Ziehe diese Kleider an und stelle dich vor das Schaufenster und beobachte die Reaktion der Passanten.

KRÄMERN

Feilsche heute um jeden Preis.

Für Gewitzte: Kaufe nichts, das du nicht mindestens 10 % günstiger bekommst.

BEHÜTEN

Kaufe dir einen Hut.

GLOBALISIEREN

Kauf ein Hard-Rock-Café-Shirt. Zieh es an und trink eine Coca-Cola in einem McDonald's.

UMBUCHEN

❶ Kaufe in einer Buchhandlung ein interessantes Buch.

❷ Finde eine Person, die ein Buch liest, und biete ihr dein Buch zum Tausch gegen das ihre an.

Für Büchernarren: Wiederhole dies drei Mal, immer jeweils mit dem neu getauschten Buch. Notiere alle vier Buchtitel hier:

Gekauftes Buch

____

Tausch 1 ____________________

Tausch 2 ____________________

Tausch 3 ____________________

SPEZIALISIEREN

Wie viele dieser Geschäfte findest du heute in dieser Stadt:

- ☐ Laden mit Plastikblumen
- ☐ Töpferei
- ☐ Handyhüllen-Händler
- ☐ Sexshop
- ☐ Knopf-Geschäft
- ☐ Feuerwerk-Handlung
- ☐ Schmuck-Perlen-Boutique
- ☐ Sportlerernährung-Shop

Für Spieler: Für jedes Geschäft, das du nicht gefunden hast, spendest du zu Hause zehn Euro an eine Hilfsorganisation.

MITBRINGSELN

Gehe in einen Laden und frage eine angestellte Person: »Hello, I would like to buy a Mitbringsel. What do you recommend?« Kaufe, was immer sie dir empfiehlt.

SCHNUPPERSHOPPEN

Gehe heute Kleider shoppen. Rieche in jedem Bekleidungsgeschäft, das du besuchst, an einem Kleidungsstück. Woran erinnert dich dieser Duft? Notiere dir jeweils drei Stichwörter. Sobald du diese Anweisung nicht mehr befolgst, ist deine Shoppingtour zu Ende.

HANDELSREISEN

❶ Wähle einen Gegenstand, den du in die Stadt mitgebracht hast und entbehren kannst: ein Hemd, einen Kugelschreiber, ein Buch – nur kein Geld!

❷ Finde jemanden, der diesen Gegenstand gegen einen anderen Gegenstand tauscht.

❸ Wiederhole dies mindestens sieben Mal und versuche, dabei immer wertvollere Gegenstände zu erhandeln.

Mit diesem Gegenstand habe ich begonnen: ____________________

Diesen Gegenstand hatte ich am Ende: ________________________

INTERAGIEREN

PROZENTUALGABE

Teile deinen Monatslohn durch hundert und gib den Betrag dem dritten Bettler oder der dritten Bettlerin, den oder die du siehst.

REDE UND ANTWORT

Führe mit einer Person (etwa einer Kellnerin, einem Schaffner, einer Rentnerin, einem Kind oder einer Business-Frau) folgendes Gespräch auf Deutsch:

Du: »Guten Tag.«

Person: [Was immer sie sagt.]

Du: »Ich bin hier in den Ferien.«

Person: [Was immer sie sagt.]

Du: »Ja, mir gefällt es sehr gut hier.«

Person: [Was immer sie sagt.]

Du: »Am besten gefallen mir die Gespräche mit den Menschen. Ich liebe es, mit Leuten zu sprechen. Ich lerne dabei viel.«

Person: [Was immer sie sagt.]

Du: »Nein, nicht immer.«

Person: [Was immer sie sagt.]

Du: »Schade. Aber es war angenehm, mit Ihnen zu sprechen.«

Person: [Was immer sie sagt.]

Du: »Auf Wiedersehen.«

STADTUMFRAGE

Frage fünf Passanten, wie viele Einwohner die Stadt hat.

Notiere ihre Antworten:

1. ______________________________

2. ______________________________

3. ______________________________

4. ______________________________

5. ______________________________

PORTRAITIEREN

❶ Finde einen spannenden Menschen und frage ihn, ob er auf dieser Seite ein Portrait von dir zeichnet.

❷ Bedanke dich bei der Person.

SILENTDAY

Schweige heute den ganzen Tag.

KINOPOST

❶ Kaufe eine Postkarte und frankiere sie. Schreibe deine eigene Adresse auf die Karte und folgenden Satz: »I had to leave early. Please tell me how the movie ended. Thank you.«

❷ Gehe ins Kino.

❸ Verlasse den Film zehn Minuten vor Schluss und bitte einen anderen Kinobesucher, dir die Postkarte ausgefüllt zu schicken.

HANDELN

Verkaufe heute etwas, das du von zu Hause in die Stadt mitgenommen hast.

ERMITTELN

❶ Finde das Stadtoriginal und frage sie/ihn, welchen Ort sie/er in dieser Stadt am liebsten mag und welchen am wenigsten.

❷ Besuche beide Orte.

EINBILDUNG 1

Bitte jemanden, dir auf dieser Doppelseite eine Sehenswürdigkeit der Stadt zu zeichnen. Wiederhole dies, bis du genug gesehen hast.

Für Aktive: Lasse dir von jemandem eine Sehenswürdigkeit aufzeichnen und besuche genau diese. Dort lässt du dir die nächste zeichnen – und so weiter. Wiederhole dies so lange, bis du keine Lust mehr hast oder der Tag um ist.

EINBILDUNG 2

❶ Frage jemanden, was es in dieser Stadt nicht gibt. Notiere ein Stichwort. Wiederhole diese Anweisung fünf Mal.

1. ______________________________

2. ______________________________

3. ______________________________

4. ______________________________

5. ______________________________

❷ Recherchiere zu Hause in welcher anderen Stadt es diese Dinge gibt.

❸ Fahre bei deiner nächsten Reise dorthin.

GESCHENKE

Kaufe Blumen. Suche ein Altersheim auf und lasse die Blumen einer Person überbringen, die Freude daran hat.

Für Ambitionierte: Besuche eine Person in einem Altersheim, die aus deinem Land oder deiner Region stammt. Schenke dieser Person die Blumen und erzähle ihr von deiner ungewöhnlichen Reise mit diesem Reiseführer. Höre der Person zu. Schreibe eine Geschichte auf, die dich beindruckt hat.

AVENTIURE

Egal in welcher Stadt du dich befindest: Frage jemanden nach dem Weg zum Eiffelturm.

FRUSTRIEREN

❶ Zeichne diesem Kopf eine Frisur, die du magst.

❷ Gehe zum Friseur, zeige ihm dieses Bild und lasse dich entsprechend frisieren.

VEREINSMEIER

Besuche während deines Aufenthalts einmal einen Verein, einen Klub oder eine Gruppe, der/die zu dir passt: einen Chor, einen Theaterverein, einen Kegelclub, einen Turnverein, eine Fitness-Gruppe, einen Tanzverein, einen Töpferclub, einen Go-Club.

Für Scheue: Schaue zu.

Für Mutige: Mache mit.

FANGESANG

Sieh dir im Fanblock der hiesigen Stadtmannschaft ein Fußball-, Hockey-, Basketball- oder Footballspiel an. Kleide dich möglichst in den Farben des Vereins und versuche beim Spiel, die Fangesänge mitzusingen.

ERKLÄRUNGSNOT

❶ Finde eine Wohngegend, welche dir gefällt.

❷ Finde ein Haus, in dem du wohnen wolltest.

❸ Klingle. Hat es mehrere Bewohner, klingle beim wohlklingendsten Namen. Öffnet niemand, hinterlasse eine freundliche Notiz. Öffnet jemand, erkläre der Person, weshalb du geklingelt hast.

HERAUSFORDERUNG

Fordere eine Schachspielerin oder einen Schachspieler heraus.

Du kannst kein Schach? Dann fordere beim Kickern, beteilige dich an einem Basketballspiel oder musiziere gemeinsam mit einem Straßenmusikanten.

AKTIONISMUS

Beteilige dich an einer Demonstration für eine gute Sache.

LACHEN

Lass dir von einem Passanten einen Witz erzählen. Wenn du nicht lachen musstest, frage einen weiteren Menschen.

ERFINDEN UND
TEILHABEN

ROLLENEINNAHME

Du bist heute eine alte Person, die schon seit zweiunddreißig Jahren in diesem Stadtteil lebt.

Verhalte dich so, wie sich diese Person an einem gewöhnlichen Tag verhalten würde. Besuche ihr Lieblingscafé. Kaufe im Supermarkt das ein, was sie immer einkauft. Setze dich auf die Parkbank, auf der sie jeden Tag um vier Uhr sitzt. Besuche das Grab eines alten Freundes.

REINIGUNG 1

Besuche einen Park. Sammle eine halbe Stunde lang allen Müll auf, den du findest, und wirf ihn in einen Abfalleimer.

Für besonders Reinliche: Mache dies so lange, bis du glaubst, dass der Park sauber ist.

REINIGUNG 2

Kaufe einen Besen und fege jeden Morgen direkt nach dem Aufstehen eine halbe Stunde lang die Straße, in der du in dieser Stadt wohnst.

ERKUNDIGUNGEN

Erkundige dich bei der Stadt, was du machen müsstest, um dich einbürgern zu lassen. Lasse dir die nötigen Formulare aushändigen. Frage auch nach städtischen Angeboten, die dir helfen sollen, dich möglichst rasch zu integrieren.

FRONARBEIT

Finde für ein paar Stunden eine unbezahlte Arbeit.

FERNSTUDIUM

Besuche eine Vorlesung oder ein Seminar an einer Universität.

Für Aufgeweckte: Beteilige dich am Unterricht.

EINSCHREIBEN

Hinterlasse Spuren, in welcher Form auch immer.

Für Archivaren: Fotografiere diese von dir hinterlassenen Spuren.

SAMMELN UND ARCHIVIEREN

MISE EN ABYME

Finde die Stadt in der Stadt und mache ein Foto davon. Stelle dieses Foto mit den Hashtags #miseenabyme und #allestaedtederwelt online.

Suchtipps für Anfänger: als Modell im Stadthaus, auf einer Ansichtskarte am Kiosk, als Stadtkarte, als Gemälde im Museum.

EGOPOST

❶ Kaufe drei Ansichtskarten.

❷ Kaufe drei Briefmarken.

❸ Frankiere die Ansichtskarten.

❹ Schreibe deine eigene Adresse auf die Ansichtskarten.

❺ Schreibe folgenden Satz oben auf die Ansichtskarten: »Please write something nice and send me this postcard. Thank you.«

❻ Lege die Ansichtskarten an drei verschiedene Orte: zum Beispiel auf eine Parkbank, auf einen Tisch in einem Café, an einen Ort, an dem Flyer liegen …

FUSSEN

Mache immer, wenn du ein Foto machen willst, auch ein Bild von deinen Füßen.

SCHWARZMALEN

Schreibe jedes Mal, wenn du ein Café oder ein Restaurant besuchst, den Preis eines schwarzen Kaffees auf.

DOUBLETAKE

Frage eine Touristin, ob sie dich mit deiner Kamera fotografieren könnte, wie du sie mit ihrer Kamera fotografierst.

LOST IN TRANSLATION

Notiere dreizehn fremdsprachige Wörter, die du heute hörst. Schreibe neben jedes die Bedeutung oder was du glaubst, was die Bedeutung ist.

Für Reisende im eigenen Land: Dir unbekannte Dialektwörter sind auch erlaubt!

BEFRUCHTEN

Sammle Sticker, die auf Früchten angebracht sind, und klebe sie hier ein.

MINDBLOWING

Erfinde ein Tagesprogramm. Schreibe es auf. Erzähle zu Hause deinen Freunden, du hättest es tatsächlich unternommen.

Wie viele Freunde sind beeindruckt?

____

Wie viele gleichgültig?

____

Wie viele durchschauen deine Flunkerei?

____

1 10 100 1000

Fotografiere je einen Gegenstand, der

- ☐ maximal 1 Jahr alt ist.
- ☐ fast genau 10 Jahre alt ist.
- ☐ ungefähr 100 Jahre alt ist.
- ☐ mindestens 1000 Jahre alt ist.

GRATIS UND FRANKO

Finde drei kostenlose und doch typische Souvenirs der Stadt.

STEMPELFREUDE

Sammle auf dieser Seite möglichst viele Stempelabdrücke aus dieser Stadt.

Für Gruppenreisende: Macht aus dieser Aufgabe ein Spiel. Wer ab jetzt bis zum Ende eures Aufenthalts in dieser Stadt am meisten Stempel gesammelt hat, gewinnt.

NEGATIVEREN

Komme mit mindestens drei Gegenständen weniger nach Hause, als du gefahren bist.

LOSLASSEN

Bevor du nach Hause zurückfährst, sende dieses Buch einer Person, die du kennst, ohne ihr allzu nah zu sein: einer Arbeitskollegin, einem Kumpel, einer Nachbarin, einem Vereinsfreund. Schreibe einen kurzen Brief, in dem du begründest, weshalb du das Buch gerade ihr schickst.

Für alle, die nicht loslassen können: Behalte dein Buch und schenke der Person ein neues Exemplar dieses Buches.

IMPRESSUM

Bibliografische Information der Deutschen Nationalbibliothek
Die Deutsche Nationalbibliothek verzeichnet diese Publikation in der Deutschen Nationalbibliografie. Detaillierte bibliografische Daten sind im Internet über http://dnb.d-nb.de abrufbar.

Für Fragen und Anregungen:
info@riva-verlag.de

1. Auflage 2018

Nymphenburger Straße 86
D-80636 München
Tel.: 089 651285-0
Fax: 089 652096

Bildnachweise: alle Bilder von shutterstock.com, in der Reihenfolge der Verwendung: Mollysecrets, Eugenio Marongiu, Stefaniya Gutovska, Rawpixel.com, anuwattn, Roman Stetsyk, Jacob Lund, Eugenio Marongiu, Pogorelova

Umschlaggestaltung: Isabella Dorsch
Umschlagabbildung: shutterstock/LineTale
Text und Innenlayout: Daniel Fehr
Druck: Florjancic Tisk d.o.o., Slowenien
Printed in the EU

ISBN Print 978-3-7423-0508-4
ISBN E-Book (PDF) 978-3-7453-0049-9
ISBN E-Book (EPUB, Mobi) 978-3-7453-0050-5

Dieses Buch ist als Anregung gedacht. Es ist keine Vorbereitung für eine Reise an einen fremden Ort. Insbesondere empfehlen Autor und Verlag, dass Sie sich über Ihr Reiseziel genau informieren und gegebenenfalls einzelne Anregungen bzw. Anweisungen nicht ausführen. Im Sinne des Produkthaftungsrechts betonen Autor und Verlag, dass sie für die Unternehmungen und Folgen der Unternehmungen in keiner Weise verantwortlich sind oder haften. Insbesondere haften Autor und Verlag nicht für Schäden, Unannehmlichkeiten, Verletzungen oder sonstige Folgen, die Sie beim Ausführen von Anregungen bzw. Anweisungen in diesem Reiseführer erleiden.